BEI GRIN MACHT SICH IHR
WISSEN BEZAHLT

- Wir veröffentlichen Ihre Hausarbeit,
  Bachelor- und Masterarbeit

- Ihr eigenes eBook und Buch -
  weltweit in allen wichtigen Shops

- Verdienen Sie an jedem Verkauf

Jetzt bei www.GRIN.com hochladen
und kostenlos publizieren

Bibliografische Information der Deutschen Nationalbibliothek:

Die Deutsche Bibliothek verzeichnet diese Publikation in der Deutschen National-
bibliografie; detaillierte bibliografische Daten sind im Internet über http://dnb.d-
nb.de/ abrufbar.

Impressum:

Copyright © 2006 GRIN Verlag, Open Publishing GmbH
Druck und Bindung: Books on Demand GmbH, Norderstedt Germany
ISBN: 9783656580331

Dieses Buch bei GRIN:

http://www.grin.com/de/e-book/65290/fachgerechter-weisswein-flaschenservice-
unterweisung-hotelfachmann-fachfrau

Armin Menden

Fachgerechter Weisswein-Flaschenservice (Unterweisung Hotelfachmann / -fachfrau)

GRIN Verlag

Unterweisungsentwurf

Prüfung zur Ausbilder - Eignung
In der IHK Aachen
2006

Fachgerechter Weisswein- Flaschenservice

1. Ausgangslage

2. Lernziele

3. Unterweisungsmittel

4. Unterweisungsmethode

5. Pädagogische Prinzipien

1. Ausgangslage:

1.1. Ausbildungszeitpunkt
Der Adressat befindet sich im ersten Ausbildungsjahr

1.2. Adressat
Tom Müller , 18 Jahre alt, männlich
Realschulabschluss, Fachoberschulreife

1.3. Ausbildungsberuf
Restaurantfachmann

1.4. Vorkenntnisse
Der Adressat befindet sich im 4. Monat des ersten Ausbildungsjahres.
Er hat bereits Grundkenntnisse im Servicebereich erworben.
Unter anderem das Auflegen von Tischdecken sowie das Servieren von
Speisen und Getränken.

1.5. Bezug zur Ausbildungsordnung/ Themenbegründung
Servicebereich § 4 Nr. 9 c- Speisen und Getränke servieren und ausheben

1.6. Ort und Dauer der Unterweisung
Einzelunterweisung im Restaurant – um ideale Bedingungen für die Praxis zu
liefern und Vertrautheit zu geben bzw. fördern.

Dauer: Prüfungstag ca. 14 min

1.7. Soziale Rahmenbedingungen- Handlungskompetenzen

Sozialkompetenz
Tom ist hilfsbereit und teamorientiert.
Tom Müller ist ein motivierter, aufmerksamer und lernwilliger Auszubildender
ohne Konflikte und Probleme.
Weder im Betrieb noch in der Berufsschule.

Individualkompetenz
Tom hat für sein Alter eine ausgeprägte Persönlichkeit,
Er ist teamfähig, pünktlich und gewissenhaft.
Er ist sehr lernfähig und hat Spaß an der Arbeit.

Methodenkompetenz
Tom erreicht durch sein methodisches Vorgehen in kurzer Zeit beste
Ergebnisse.

2. Lernziele

2.1. Grobziel
Öffnen und Servieren einer Weiss- Weinflasche
Der Adressat soll nach der Unterweisung in der Lage sein,
die Weiss- Weinflasche selbständig zu öffnen und zu servieren.

2.2. Feinziel
Der Adressat ist nach der Unterweisung in der Lage,
die Weiss- Weinflasche mit Kunststoffkapsel fachgerecht, selbständig
und fehlerfrei am Tisch vor dem Gast zu öffnen.
Dabei arbeitet der Adressat vorsichtig unter Berücksichtigungen der
Unfallverhütung.
Die Flasche, die Kapsel sowie den Korken zu präsentieren
und in geeigneter Menge zu servieren.
Dabei werden drei Lernbereiche genutzt:

- Kognitiv   Arbeitsschritte erklären können: wieso und weshalb.
                „Mit dem Kopf" arbeiten- Urteilsfähigkeit, Begreifen,
                            - Erkennen und Behalten

- Affektiv   Gewissenhaftes Arbeiten unter Servier- und
                Sicherheitsaspekten.
                „Mit dem Herz" arbeiten- Verantwortungsbewusstsein

- Psychomotorisch
                Öffnen und Eingiessen nach spezifischer Technik.
                „mit den Händen" – Fertigkeit, Feinmotorik

3. Unterweisungsmittel
Ein Übungstisch mit einer frischen, weissen Tischdecke und ein kleiner
Teller zum Ablegen.
Dazu ein Kellnermesser sowie eine saubere Handserviette sowie zwei
Weingläser.

4. Unterweisungsmethode
Gewählt wird in diesem Falle die *Vier- Stufen- Methode*,
da bei Tom die schnelle Auffassungsgabe vorhanden ist
und so in kürzerer Zeit
praxisnah und schnell zielstrebig ein sehr gutes Lernergebnis erreicht wird.

4.1.BEGRÜSSUNG *MOTIVATION* **2 min**

4.2. VORMACHEN *VORBEREITEN / ERKLÄREN* **12 min**

4.3. NACHMACHEN *ERKLÄREN LASSEN*

4.4. ÜBEN *FESTIGEN LASSEN*

4. 1. Stufe
Begrüßung und gegenseitige Vorstellung- Start der Motivation
Durch die Begrüßung und gegenseitige Vorstellung wird dem Adressaten die
Befangenheit genommen und eine positive, entspannte Atmosphäre
geschaffen.

Die M O T I V A T I O N beginnt

Bekanntgabe des Themas

4. 2. Stufe
Vormachen und Erklärung
In einzelnen Lernschritten vorführen, dabei Arbeitsgänge
erläutern: Was, wie, weshalb

Die Weinflasche und das Kellnermesser werden dem Adressaten erklärt.

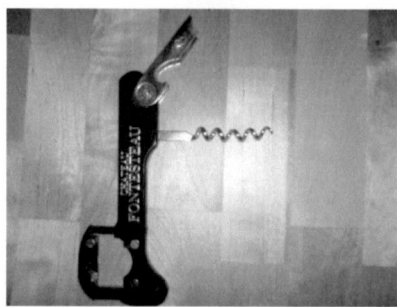

4.   3. Stufe

Nachmachen mit Erklärung durch Adressaten

In dieser Stufe soll der Adressat die vorgemachten Arbeitsschritte selbständig durchführen, um zu „begreifen" und zu verinnerlichen.

Offene Fragen sowie auch praktische Hilfestellungen werden vom Ausbildenden beantwortet und auch gerne wiederholt.

Der Adressat erläutert die Arbeitsschritte während der Ausführung, was, wie und warum er es macht.

Dabei denken wir immer an MOTIVATION und loben ihn!!!

4.   4.Stufe

Üben und Festigen des Erlernten- Die Erfolgskontrolle

Der Adressat wiederholt noch einmal das Unterweisungsthema und fasst zusammen.

Zum Schluss wird Richtiges gelobt und Verbesserungsmöglichkeiten besprochen.

Dem Adressaten wird ausreichend Zeit zum Üben gegeben!

Der Ausbildende weißt den Adressaten darauf hin, den Unterweisungsinhalt in das Ausbildungsnachweisheft einzutragen.

5. Pädagogische Prinzipien

5.1. Prinzip der Aktivität
Aktivität bedeutet Motivation zum selbständigen Lernen und Arbeiten

5.2. Prinzip der Anschauung
Bewusstes und allseitiges Erfassen notwendiger Gegenstände während der Unterweisung
Begreifen und Ansehen- Feinmotorik verstärken

5.3. Prinzip der Praxisnähe
Sinn und Zeckmässigkeit und Nutzen für Zukunft und Alltag erkennen

5.4. Prinzip der Erfolgssicherheit
Ständiges Üben und Fertigen- neben Motivation wichtigster Teil der Unterweisung

5.5. Prinzip der Jugendmäßigkeit
Entwicklungsstand des Adressaten einschätzen und Themen- und Zeitrahmen definieren. Gegenbenenfalls Rollentausch!
Kleinere Arbeitsschritte, wenn nötig. Gegebenenfalls öfters wiederholen,

5.6. Prinzip der sachlichen Richtigkeit
Sachlichkeit durch Fachkompetenz, Fachkenntnissen und Fertigkeiten

Hiermit versichere ich, dass ich die Unterweisung selbständig erarbeitet habe.

_____   _____

Vor-u. Nachname   Ort, Datum

Arbeitsablauf	Erläuterung
Die Kapsel oberhalb,mittig auf oder unter dem Flaschenhalswulstes herumführen. Durchschneiden und den abgetrennten Teil abnehmen.	Das Messer wird um den Flaschenhals herumgeführt. Die Flasche dabei nicht drehen, Der Wein sollte nicht unnötigen Erschütterungen ausgesetzt sein
Den Flaschenmund und die Oberfläche des Korkens mit der Serviette reinigen	Unter der Kapsel bilden sich beim Lagern manchmal staubige Ablagerungen und Schimmel durch feuchte Lagerung.
Den Korkenzieher in die Mitte des Korkens eindrehen, den Hebel auf den Flaschenhalsrand aufsetzen und den Korken gerade nach oben herausziehen. Die letzten Millimeter durch leichtes, vorsichtiges Hin- und Hebewegen des Korkens überwinden	Der Korkenzieher sollte den Korken nach keiner Seite hin durchbrechen, weil sich dabei Korkkrümel ablösen, die beim Eingießen des Weines ins Glas gelangen und unerwünschte Geschmacksbeeinträchtigungen nach sich ziehen könnten
Den Korken auf einwandfreien Geruch hin prüfen. Mit einer zweiten Serviette den Korken fassen und vom Korkenzieher abdrehen. Auf den kleinen Teller legen und neben dem Weinglas dem Gast präsentieren	Schlechter Korken könnte den Wein verdorben haben. Für den Gast kann neben der Geruchsprobe auch das auf dem Korken angebrachte Brandzeichen interessant sein. Name, Herkunft und Nummer des Abfüllers
Den Flaschenmund mit der Serviette reinigen	Auch Korkstückchen können im Bereich des Flaschenmundes mit der Serviette entfernt werden
Die Flasche an der Rückseite mit der rechten Hand fest umfassen. Den Handrücken nach oben gerichtet, langsam die Flasche über dem Glas absenken	Beim Eingießen des Weines ist darauf zu achten, daß das Etikett sichtbar für die Gäste bleibt .Auch ist es wichtig, dass die Flasche sicher in der Hand liegt und der Glasrand nicht berührt wird
Den Wein langsam fließend in das Glas Eingießen. Gläser nur zu einem Drittel befüllen	Das Bukett, sprich Duftstoffe und Aroma des Weines wird dadurch nicht negativ beeinträchtigt. Nicht zu viel eingießen, aus esthetischen Gründen und um einer zu schnellen Wein- Erwärmung vorzubeugen
Die Flasche rechtzeitig und langsam wieder in die waagrechte Lage bringen und beim Aufrichten die Flasche etwas drehen	Der in der Flasche befindliche Wein darf nicht unnötig aufgerüttelt werden. Die letzten Tropfen am Flaschenmund verteilen sich beim Drehen auf den Flaschenrand und tropfen nicht auf die Tischdecke oder den Gast